Adolf Sanders

NORDEN

wie es früher war

Wartberg Verlag

Inhalt:

1. Auflage 1999

Bildnachweis: Kreisbildstelle Norden
Druck: Grindeldruck, Hamburg
Buchbinderische Verarbeitung: Büge, Celle

34281 Gudensberg-Gleichen, Im Wiesental 1, Tel. 0 56 03/9 30 50
ISBN: 3-86134-642-7

Norden, die älteste Stadt Ostfrieslands. Geschichte, Entwicklung und Tradition

Norden ist – neben Borkum – die nordwestlichste Stadt Deutschlands. Sie liegt hinter einer ca. 28 Kilometer langen Deichlinie unmittelbar an der Nordsee und hat z. Zt. rund 25 000 Einwohner. Mit einer Fläche von ungefähr 105 Quadratkilometern ist sie flächenmäßig recht groß.

Der Kern der Stadt ist schon ein sehr alter Siedelplatz, was Funde aus der Steinzeit belegen. Das liegt auch daran, dass ein Sandhügel, der dem ostfriesisch-oldenburgischen Geestrücken vorgelagert ist, den Bewohnern Sicherheit vor Fluten und Angreifern, gutes Trinkwasser, ausgezeichnete Ernährungsgrundlagen und beachtliche Handelsmöglichkeiten bot.

Die Anfänge der Besiedlung lassen sich nur schemenhaft nachzeichnen, auf jeden Fall aber fanden die von Westen her einwandernden Friesen schon einige Zeit vor Christi Geburt und die von Süden und Osten sich vortastenden Niedersachsen für ihre jeweiligen Bedürfnisse günstige Bedingungen. Den Friesen wird die Aufschüttung der Warfen (Wurten) zugeschrieben

Die natürlichen Geschehnisse, z.B. zeitweiliger Rückzug (Regression) und das entgegengesetzte Vordringen des Meeres (Transgression) veränderten die Bedingungen und verschoben die Siedlungsareale.

Deutlicher ins Licht der Geschichte rückt Norden als Ort erst mit den ersten Versuchen der Christianisierung und mit den Vormachtbestrebungen der Franken im 7. und vor allem im 8. Jahrhundert n. Chr. Liudger (Ludger) war ein Missionar friesischer Herkunft, der friesisch sprach und in seiner Missionierungsarbeit den hiesigen Einwohnern die Angst vor einer Fremdherrschaft „durch die Hintertür" nahm, denn die gefürchteten Franken verfolgten hinter missionarischen Vorbereitern in erster Linie politische Absichten. Von der See her gab es dann vor allem im 9. Jahrhundert weitere Bedrohungen durch die Normannen (= Wikinger).

Ein einheitliches Friesenreich, das unter König Redbad (Radbod/gest. 689) seine größte Bedeutung hatte, zerfiel mehr und mehr. Der Kampf mit dem Meer (Beginn des Deichbaues und Meereseinbrüche), allmähliches Abklingen des Götterglaubens und Zuordnung zu verschiedenen Bistümern (Bremen, Münster und Osnabrück), wechselnde politische Verhältnisse (z.B. auch die Gaueinteilung) und schließlich das fortgesetzte Ringen um die „friesische Freiheit" hinterließen ihre Spuren genauso, wie die althergebrachte Handelsfreudigkeit, die „Beherrschung des Meeres" und die bedeutende Entwicklung von Agrarwirtschaft und Viehzucht.

Norden war erst Grenzstation des Bistums Münster, später – nach den trennenden Meereseinbrüchen – wurde es dem Bistum Bremen zugeschlagen. Es beherbergte zwei Klöster, das ältere Benediktinerinnen (und spätere Doppel-) Kloster „Marienthal" und das Dominikanerkloster. Weiterhin hatte es zwei große Kirchen nebeneinander, die noch vorhandene Ludgerikirche, die Sendkirche, die für das ganze Norderland führend ist und die ursprünglich noch größere Andreaskirche, die die Kirche des Stadtbezirks Norden war.

Norden und das dazu gehörige Nordendi (der Nordergau) taten sich als Endpunkt der Handelswege aus dem Westfälischen (= Süden) und aus dem Bremischen (= Osten) und als landwirtschaftlich reiches Gebiet hervor. Norden brachte hauptsächlich Vieh, Getreide, Muschelkalk und Salz in den Handel ein.

Die großen Leybuchteinbrüche im 14. Jahrhundert, vor allem der von 1377, machten Norden zur Hafenstadt und bewirkten eine zusätzliche Blütezeit. Norden wuchs zum zunächst bedeutendsten Ort in Ostfriesland heran, eine städtische Verfassung gibt es seit 1277, und somit gilt es als älteste Stadt in Ostfriesland.

Fast alle in Ostfriesland aufkommenden Herrschaftsfamilien, insbesondere auch die über 300 Jahre regierenden Cirksenas, die bis in den europäischen Hochadel aufstiegen, haben ihre Wurzeln in Norden. 1744 – mit dem Aussterben des Hauses Cirksena – war es dann mit der Reichsunmittelbarkeit, d.h. mit der direkten Unterstellung nur unter dem deutschen Kaiser, vorbei. Friedrich II. von Preußen, der Große, wurde Fürst von Ostfriesland. Seine Verwaltung hat viele Zeugnisse der regionalen Geschichte und Kultur aus heutiger Sicht zerstört, hat andererseits aber auch eine wirtschaftliche Förderung eingeleitet. In den Wirren der napoleonischen Zeit war Ostfriesland von 1806 bis 1813 unter niederländischen und französischen Einfluss geraten.

Bei der Neuordnung Europas wurde es ab 1815 dem Königreich Hannover zugeschlagen und geriet mit diesem ab 1866 wieder unter preußische Oberherrschaft. Nach dem Zweiten Weltkrieg wurde Ostfriesland in das neue Bundesland Niedersachsen eingegliedert. Norden blieb Kreisstadt, der Kreis ging aber im Zuge der Reformen 1977 in dem neuen Landkreis Aurich auf. Es gibt nunmehr nur noch eine Außenstelle der Auricher Kreisverwaltung.

Zerstörungen und Brände, Baufälligkeit, Bevölkerungswachstum, aber auch Modeerscheinungen, bewirkten immer wieder Veränderungen und Neugestaltungen, so dass nur vereinzelt Gebäude in Norden älter als 300 Jahre sind. Die stärksten Veränderungen aber hat es in den letzten 30 bis 40 Jahren, also seit 1960, gegeben.

Die in diesem Band zusammengestellten Fotos, die ausschließlich von der Kreisbildstelle Norden stammen, zeigen die Stadt vor diesen letzten großen Veränderungen. In dieser Form dürfte sie vielen Nordern und Kennern der Stadt noch in Erinnerung sein.

Im Wesentlichen verdanken wir die Bilder den beiden früheren Bildstellenleitern, den Herren Ger-hart Klaffke und Oskar Decker. Herr Klaffke kam 1918 als Lehrer nach Norden, schon aus den 20er Jahren stammen seine älteren Fotos, er leitete die Bildstelle bis 1962, Herr Decker war sein Nachfolger von 1962 bis 1992. Bei den älteren Bildern fehlt oft die genaue Datierung, so dass Befragungen und Rückschlüsse mit Hilfe besonderer Anlässe und Ereignisse notwendig wurden. Auch die Motivauswahl ging doch mehr auf die vom Schulunterricht geforderten Bedürfnisse zurück. Wahrscheinlich setzte nach dem Zweiten Weltkrieg auch eine Vernichtung von Material aus der nationalsozialistischen Epoche ein. Kriegszerstörungen selbst hat die Stadt nur wenige erlitten.

Erst im Laufe der Entwicklung sah man die Bildstelle auch als Dokumentationszentrum. So fehlen z.B. weitgehend Bilder von einfachen Wohnstraßen, von dem früheren Reichtum an Straßenbäumen, von markanten Gebäuden usw., die dann plötzlichen Erneuerungswellen zum Opfer fielen. In privaten Händen befinden sich sicher noch manche solcher Bilder, die fast unwiederbringliche Dokumente sind. Es sei hier vor allem an Besitzer und spätere Erben appelliert, diese nicht achtlos wegzuwerfen, sondern bei offiziellen Stellen (Kreisbildstelle, Heimatverein o.ä.) abzugeben.

Besondere Hinweise und sehr viele Erkenntnisse kommen von Frau Mathilde Imhoff und Frau Elfriede Lottmann, ihnen gebührt an dieser Stelle herzlichster Dank. Dem jetzigen Bildstellenleiter, Herrn Helmut Fischer und seinem Team, sei ebenso für die zahlreichen Hilfen gedankt, dem Wartberg Verlag für die Initiative, die Geduld und den gelungenen Gesamteindruck.

Adolf Sanders, Oktober 1999

Foto links: Der Marktplatz von Norden hat eine Fläche von 6,6 ha, er gilt damit als größter – zumindest größter baumbestandener – Marktplatz Deutschlands.

Unser Luftbild von Nordwesten her entstand um 1931. Die Ludgerikirche füllt eindrucksvoll die Mitte des Platzes. Der Baumbestand beherrscht das Bild nicht nur auf dem Marktplatz, sondern auch zwischen den Häuserzeilen an den vom Markt wegführenden Straßen. Im Vordergrund ist das Baumrondell des Fräuleinshofes erkennbar mit der ehemaligen Marktschule dahinter. Weiter rechts ist das mächtige Dach der alten Posthalterei zu sehen, das in den 90er Jahren einem Ärztehaus weichen musste. Im Hintergrund, ebenfalls in der Mitte, fallen der hohe Fabriktrakt und der – aus heutiger Sicht ältere und kleinere – Schornstein der Firma Doornkaat auf. Im Übrigen soll den Kennern die Entdeckerfreude nicht genommen werden.

Foto oben: Auch aus dieser Perspektive erscheint der spätgotische Ostchor der Ludgerikirche, etwa um 1455 erbaut nach dem Vorbild der Martinikerk in Groningen, mächtig. In Ostfriesland wurden sehr viele der ersten Holzkirchen in der Übergangszeit von der Romanik zur Gotik etwa im 13. und 14. Jahrhundert durch Steinbauten ersetzt. Das gilt wahrscheinlich auch für das nur auf dem Luftbild zu sehende Langhaus der Norder Ludgerikirche (1235-1250). An der Südseite der Kirche ziert eine Reihe von Kopfbäumen das Ensemble, inzwischen sind sie leider abgeholzt worden. Auf dem Bild verbirgt sich der freistehende Glockenturm hinter den Bäumen.

Foto links: Die Türme der ostfriesischen Kirchen – oder besser gesagt die Glockenstühle – wurden wegen des ungünstigen Untergrundes abseits erbaut. Der Ludgeriturm steht allerdings auf festem Sandgrund, wurde um 1300 errichtet und gilt als größter freistehender Glockenturm Ostfrieslands mit einer Gesamthöhe (inkl. Dachreiter) von etwa 32 Metern. Geschmückt sind die Mauern mit weißen Bogenblenden. Seit dem Ausgang des 16. Jahrhunderts beherbergte der Turm die Stadtwaage. Nach dem Ersten Weltkrieg wurde das Untergeschoss zu einer Ehrenhalle für die Kriegstoten umgestaltet, später auch für die des Zweiten Weltkrieges.
Das Foto von 1942 zeigt die Ablieferung der Bronzeglocken für den unseligen Krieg.

Foto rechts: Im südwestlichen Bereich wird ein Teil des Marktes als Blücherplatz bezeichnet. Er hat seinen Namen von dem später berühmt gewordenen preußischen Marschall. Dieser hatte in Norden Quartier genommen, nachdem 1795 der König von Preußen, der zu jener Zeit auch Fürst von Ostfriesland war, einen Sonderfrieden mit dem napoleonischen Frankreich ausgehandelt hatte. Dazu war eine Demarkationslinie zwischen den beiden Parteien eingeführt worden, die in Norden begann und unter Blüchers Führung bewacht werden sollte.
Zur großen Gewerbeausstellung kurz vor 1894 errichtete die Firma Doornkaat auf dem Platz einen verzierten Jugendstil-Pavillon, den sie anschließend der Stadt für Musikdarbietungen schenkte. Auf unserem Bild von 1950 war er bereits verschwunden. Im Hintergrund – etwas versteckt – ist die Landwirtschaftsschule, im Volksmund „Ackerbackerschool“ genannt, das heutige Standesamt, zu sehen.

Foto oben: Der Hügel des alten Friedhofs, auf dem neben der Ludgerikirche auch die große Andreaskirche – mit ihren Ruinen bis 1756 – stand, dient im Winter schon seit langer Zeit der Norder Jugend als Rodelgelände. Das Bild wurde 1950 aufgenommen, die letzte Beerdigung hatte hier 1884 stattgefunden.
Foto rechts: Der Blick des Fotografen von 1953 schweift vom Ostchor der Ludgerikirche (Schatten vorne rechts) zur Osterstraße und zum Torfmarkt mit einem altertümlichen Omnibus. Das Gebäude im Mittelpunkt ist die Schwanenapotheke. Durch die Bäume hindurch erkennt man hinter dem Bus das Geburtshaus des späteren Professors und Universalgelehrten Hermann Conring (1606-1681), der an der Universität Helmstedt Geschichte, Jura, Naturphilosophie, Medizin, Politik und Theologie lehrte, als Diplomat großes Ansehen erlangte und Begründer der Wissenschaft der deutschen Rechtsgeschichte wurde. In demselben Haus, einem früheren Pfarrhaus, erlebte auch ein weiterer Gelehrter, Johann Christian Reil (1759-1813), einige Jugendjahre. Er wurde nach der Ausbildung zunächst Arzt in Norden, danach Medizinprofessor in Halle a.d. Saale sowie Berlin. Als Goethefreund machte er sich einen Namen, als Erneuerer des Lazarettwesens wird er gefeiert. Noch etwas weiter rechts sind eine Tür und Fenster des „Vossenhuus" zu sehen.

Foto rechts: Im Südostbereich des Marktplatzes steht das sogenannte Vereinshaus von 1617 mit dem – heute wieder – augenfälligen geschnitzten Oberlicht, nach seinem späteren Besitzer (1836) auch gelegentlich als Rahusen-Haus bezeichnet. Es dient nach gründlicher Restaurierung, unter Erhaltung des historischen Giebels, als Polizeiwache. Den Namen Vereinshaus bekam es, weil es jahrzehntelang verschiedenen Vereinen zur Abhaltung ihrer Versammlungen diente. Einige Zeit war es auch „Herberge zur Heimat". Das Bild stammt etwa von 1955. Das Nachbargebäude links (Haus Freericks) musste der Verbreiterung der Uffenstraße weichen.

Foto rechte Seite: Das neue Rathaus wurde 1835 als klassizistisches Bürgerhaus (Cremer) an der Stelle eines Vorgängerbaues errichtet. Die Ratsverwaltung zog 1884 ein, nachdem das alte Rathaus zu klein geworden war. Auf diesem Bild von 1950 ist das Gebäude noch von einem kleinen Gärtchen umkränzt. Links daneben sieht man die Renaissance-Giebel der „dree Süsters" (=drei Schwestern).

Foto oben: Die heutige Mennonitenkirche (Foto von 1950) neben dem neuen Rathaus wurde 1662 im Stil des niederländischen Barock ebenfalls als Bürgerhaus (Kettler) gebaut. 1795 kaufte es die Mennonitengemeinschaft, die den östlichen Teil zu einer Kirche umbaute und schon 1796 einen östlichen und 1834/35 einen weiteren westlichen Teil im gleichen Stil anfügte.

Foto rechts: An der Westseite des Marktes, neben dem Alten Rathaus, ist noch gut das ursprüngliche Prinzip der Norder Baustruktur zu erkennen. Zwei Häuser stehen jeweils eng zusammen und haben zueinandergewandt jeweils ihre Eingangstüren und Hausflure. Neben den abgewandten Seiten ist eine Lohne in Pferdewagenbreite zur Belieferung für beide Lohnenanlieger.
Das höhere Haus (das dritte links neben dem Alten Rathaus) ist die frühere Westerpastorei. In diesem hat der spätere Gründungsrektor der Groninger Universität, der Historiker und Universalgelehrte Ubbo Emmius von 1587 bis 1596 gewohnt, als er Rektor der Lateinschule – dem heutigen Ulrichsgymnasium – war.

Foto oben: Das Alte Rathaus wurde 1542 nach einer Zerstörung über dem viel älteren Keller des Vorgängerbaues neu wieder eingeweiht. Es beherbergte bis zum Umzug (1884) in das neue Rathaus die Stadtverwaltung. Danach diente es verschiedenen Zwecken. Seit 1922 hat das Heimatmuseum zunehmend mehr Platz beansprucht und schließlich – fast – das ganze Gebäude für seine Ausstellungen bekommen. Das Bild entstand 1953. Bemerkenswert ist der früher häufige, in Norden einzig noch erhaltene Treppenturm vor dem Gebäude.

Foto rechts oben: Die komplette Werkstatt der bedeutenden, über mehrere Generationen wirkenden Zinngießerfamilie Ufen ist, zusammen mit dem Laden, der Haustür und allen Modeln 1934 in das Museum gekommen und dort auch heute noch unverändert zu besichtigen.

Foto rechts unten: Grundbuchamtlich verbrieft, hat die über 1115 Jahre alte Bauerngenossenschaft, die Norder Theelacht, bleibendes Versammlungsrecht in der Theelkammer „unner dat Raathuus". Das Foto von 1972 zeigt Arvburen (=Erbbauern) beim Prosit „up Theelachts Wohlfahrt". Stehend ist der langjährige Theelachter und Syndikus Rudolf Folkerts zu sehen, der im Sommer 1999 verstorben ist.

Die Nordwestecke des Marktplatzes geht in den Fräuleinshof über. Dieser erhielt seinen Namen nach der Säkularisierung der beiden Norder Klöster 1535, weil die Schwestern des damaligen Grafen Enno II., die selbst Nonnen im Kloster Marienthal gewesen waren, dort Quartier bezogen. In der Nähe befand sich auch die frühere Norder Münzprägungsstätte.

Auf dem Bild von 1950 ist links die Ecke der 1962 abgebrochenen Marktschule zu sehen, rechts daneben die ebenfalls abgebrochene Gaststätte Müller und im Hintergrund das noch vorhandene Landratsamt des ehemaligen Kreises Norden.

Foto linke Seite: Der Blick von der Ludgerikirche (1950) nach Nordosten zeigt eine damals noch überschaubare bebaute Fläche. Der Postturm war noch nicht vorhanden. Ganz rechts ist die katholische Kirche St. Ludgerus sichtbar, im Hintergrund Häuser der Siedlung Ekel (= „Eichenwald").

Foto links: Das Ulrichsgymnasium an der Norddeicher Straße (damals Breite Lohne, zeitweilig auch Norder Straße) bekam 1876 einen Neubau, der an einen älteren Trakt (links) angeschlossen wurde. Unser Bild von 1887 zeigt diesen Zustand. Später wurden in demselben Stil rechts und (nach Abbruch des älteren Baues) links weitere Flügel angebaut. Dies ist der heutige Mittelteil der bis in die Gegenwart beträchtlich erweiterten Schule. Durch die Verbreiterung der Straße davor, 1971, verschwanden auch die auf dem Bild von 1887 noch nicht gesetzten Bäume, die Einfriedigungsmauer wurde zurückverlegt und vereinfacht.

Foto links unten: Die Aufnahme 1954 zeigt die Einmündung der Straße „Brummelkamp" in die Norddeicher Straße. Im Vordergrund ist die Tankstelle und ein Teil der Schmiede Rosenboom/Jürrens zu sehen, dahinter an der Ecke Norddeicher Straße/ Im Spiet die alte Turnhalle des Gymnasiums kurz vor dem Abriss. Im Hintergrund ist schon die – gerade fertiggestellte – neue Turnhalle erkennbar.

Foto rechts oben: Die Klosterstraße (1935 in der Blickrichtung vom „Zingel" zum Markt) hat ihr Aussehen beträchtlich verändert. Im Hintergrund erkennt man die Treppengiebelspitze des Postamtes.

Foto rechts unten: 1953 ist der Platz, auf dem heute die Berufsschule steht, bis auf einige Baracken im Vordergrund leer. Man erkennt links die Schulstraße mit der Pestalozzischule. Weiter links dahinter befinden sich heute Gebäude und Parkanlagen des AWO-Altersheimes.

Foto rechte Seite: Als weitere Aufnahme vom (älteren, kleineren) Feuerwehrturm 1953 zeigt sich der Ostteil der Stadt. Ganz rechts fällt der Torso der Müntinga'schen Mühle auf, weiter in der Mitte ist die katholische Kirche bildbestimmend. Links im Hintergrund des Häusermeeres ist das Haustürmchen des zeitweiligen Zollamtes in der Bleicherslohne zu finden. Am Horizont erscheint der Saum des Lütetsburger Waldes, während im Vordergrund Baum- und Gartenpartien zu erkennen sind, deren Stelle heute zum Teil die Berufsschule einnimmt.

Der Verkehr auf der Osterstraße wird 1935 noch durch ländliche Fahrzeuge (Kutsche, Fahrgestell eines Ackerwagens) bestimmt. Auf der Nordseite der Osterstraße sind zu sehen: Ganz rechts die Vorgängerhäuser des Uhren-, Schmuck und Optikergeschäfts Eilers und Tabak Gerdes, weiter nach links, in der Mitte des Bildes, das Schöningh'sche Haus und wieder weiter nach links, am Ende der Häuserzeile, der Gasthof „Jerusalem".
Oster- und Westerstraße, getrennt durch den Marktplatz, sind schon recht alte Geschäftsstraßen in Norden, wobei aber die Osterstraße lange Zeit mehr den Charakter einer Wohnstraße behielt.

Der Fotograf, der das Motiv Mitte der 30er Jahre eingefangen haben muss, hat die Südseite der Osterstraße mit der Zichorien- und Senffabrik Otten in den Mittelpunkt gerückt. Von der Zichorie, auch Wegwarte, die auf lehmigen Sandböden angebaut werden konnte, wurden die Wurzeln getrocknet und zu Kaffee-Ersatz (dem im Volksmund sogenannten Muckefuck) verarbeitet. Ganz links ist das Café ten Cate zu erkennen. Das kleinere Haus dazwischen wurde später bei einem Umbau mit in das ten-Cate-Haus einbezogen, während das Otten'sche Haus 1937 von dem Buchhändler Hasbargen gekauft und durch einen Neubau ersetzt wurde. Heutzutage ist auch das rechte Haus zur Erweiterung der Buchhandlung neu aufgebaut.

Das gezeigte Haus Osterstraße Nr. 10 (Drogerie Ihnken) wurde 1967 abgerissen und durch einen Neubau ersetzt. Wie dieser hat so mancher schmucke Giebel in den Geschäftsstraßen Nordens die Erneuerungswellen vor allem zwischen 1955 und 1980 nicht überlebt, selbst der Zierrat ist in jener Zeit häufig achtlos vernichtet worden. Inzwischen ist in dem dann entstandenen nichtssagenden Neubau die Norder Filiale der Commerzbank eingezogen.

Eines der älteste Privatbauten in Norden, Baujahr 1576, ist das prächtige Schöningh'sche Haus (Osterstraße 5), das Anfang der 60er Jahre – das Foto entstand 1962 – schon dem Abriss geweiht war. Namhafte Bürger setzten sich jedoch für den Erhalt ein und das beherzte Zupacken eines jungen Norder Rechtsanwaltes rettete das Renaissancehaus. Es kostete allerdings noch erhebliche Anstrengungen, die Renovierung zu finanzieren, was aber schließlich gelang, so dass es wieder zu einem echten Schmuckstück für die Stadt wurde. Die Reliefs in den Treppenstufen des oberen Giebelabschnitts zeigen Szenen aus der griechischen Herakles- (= Herkules) – Mythologie.

Seite 23:
Foto oben links: Eine Berufsschulklasse um 1953 im alten Gebäude. Fast alle Mädchen hatten die damals noch übliche Zopffrisur.

Foto oben rechts: Die alte Berufsschule hatte ihre Vorderfront noch 1959 an der Kleinen Mühlenstraße Nr. 3, im Februar 1960 wurde, nach Errichtung eines modernen Schulneubaues etwas weiter nördlich, das Gebäude abgebrochen.

Foto unten links: Das Bild vom Kreuzungsbereich der Kleinen und der Großen Mühlenstraße hat sich (hier von 1950) völlig verändert. Die erklärenden Attribute „klein" und „groß" kommen häufiger in Norden vor, im Volksmund sogar inoffiziell z. B. auch bei der Oster- und der Westerstraße. Das bedeutet, unabhängig von der tatsächlichen Größe oder Länge, dass sie „später" (=klein) oder „früher" (=groß) entstanden sind.

Foto unten rechts: Laut der Notiz des Fotografen befand sich dieser stilvolle Kamin 1950 in einem Haus am „Burggraben" – ähnliche gab es in vielen anderen Wohnhäusern. Ebenso fanden sich im Wohnbereich häufig wertvolle Fliesenwände. In den Zeiten der Abrisswelle in den 60er und 70er Jahren sind viele davon achtlos zerstört und mit dem Schutt weggeworfen worden.

Die Kirchstraße (unser Bild stammt von 1955) war in Norden der Inbegriff für die Altstadt. Die alten, in vielen Fällen baufälligen Häuser sind in den 70er Jahren nahezu vollkommen verschwunden, selbst die einzelnen Straßen haben sich in ihrem Verlauf mehr oder minder deutlich verändert. Erst zehn und mehr Jahre später, als die nichtssagende und nüchterne, rein zweckgebundene Wohnblockbauweise immer augenfälliger wurde, kam nach und nach Kritik auf, ein Umdenken setzte ein. So wurde schließlich die letzte alte Häuserzeile an der Ostseite des Burggrabens nicht mehr weggerissen, sondern grundlegend saniert. Auch der Baustil der danach errichteten Wohnblocks bekam ein gefälligeres Aussehen, beide Maßnahmen fanden nun doch mehr Zustimmung.

Auf der gezeigten Abbildung ist noch die früher typische Straßenpflasterung Nordens zu sehen. In der Mitte ist ein geklinkerter Streifen für z.B. Menschen, die mittels eines Joches Wassereimer tragen, mit dem Fahrrad vorwärtskommen wollen, den Handwagen ziehen oder auch für ein Pferd vor einem Wagen, an den Seiten sind die im Sandgrund verborgenen „Flinten“ oder „Kattkoppen“, die von der Eiszeit herangeschleppten Findlingssteine, für die schweren Wagenräder verlegt. Eine Kanalisation, man sieht es am Straßenrand, war noch nicht vorhanden.

Bei diesem vornehmen Anwesen auf einem Foto von 1950 handelt es sich um den Vorgängerbau des Hauses „Am Markt 56". Links – hier angeschnitten – steht das altehrwürdige Vienna'sche Haus. Im Hintergrund wird das Anwesen des früher recht bekannten Bürgers und Kunstmalers Uvo Pauls sichtbar.

Foto links: Um 1931 entstand das Luftbild der Stadt von Süden her. Man sieht im linken hinteren Teil den Marktplatz mit der Ludgerikirche, ganz links am Bildrand zeigt sich das Alte Rathaus mit seinem Treppenturm. Rechts hinter dem Marktplatz ist die freie Fläche erkennbar, auf der heute die Berufsschule steht. Zum Betrachter hin ziehen sich die nach Süden bzw. Südosten ausgerichteten Straßen der Altstadt, von links sind es die heutige Molkereilohne, die Rudolf-Eucken-Straße, der Burggraben, die Kirchstraße, die Sielstraße, die Uffenstraße, der Neue Weg. Im Vordergrund quer sind die ersten drei Straßen durch die jetzige Knyphausenstraße verbunden. Man erkennt viele markante Gebäude der Stadt, u.a. an der Südostecke des Marktes die Schokoladenfabrik Hedinga (mit Schornstein, heute WBZ), weiter östlich die katholische Kirche und nahe dem rechten Bildrand die bereits flügellose Müntinga'sche Mühle. Im Vordergrund am rechten Bildrand sind die beiden Rundbehälter des Gaswerkes zu sehen.

Foto oben: Der Blick am 31.10.1956 von der Ludgerikirche gegen das Licht zeigt im Vordergrund das alte Weinhaus und dahinter das Alte Rathaus mit der Westerstraße und Häusern der nordwestlichen Marktseite. Im Hintergrund tritt der Wasserturm ins Blickfeld mit der Westgaster Mühle und weiter rechts Einfamilienhäuser am Feldpfad und einige Wohnblocks im Bereich der Straßen Im Spiet/Martensdorf/Warfenweg.

Die Westerstraße zählt offensichtlich zu den ältesten Siedelplätzen Nordens. Schon früh ist die verhältnismäßig breite Straße auch als Handwerker-, Handels- und Kaufstraße ausgebaut worden. Beredtes Zeugnis davon geben so stattliche Bauten, wie das Hausberg'sche Haus Nr. 90 (Aufnahme von 1952) mit seinem Takelageaussteck an der Lohne. Die Scheune ist heute zu einer Diskothek umgebaut.

Im Volksmund heißt dieses markante Bauwerk (Foto von 1957) Silbermühle, offiziell wird sie Norddeicher Mühle (obwohl sie noch nicht zu diesem Stadtteil gehört) oder Schepkers Mühle genannt. In den 70er Jahren wurde sie zur Diskothek und zum Restaurant umgebaut. Heute ist sie – nur Restaurant – Mittelpunkt des Mühlenpark-Einkaufsgeländes, derzeit jedoch leider ohne Kappe und ohne Flügel.

Foto oben: Die Zingelschule war 1850 ursprünglich eingeschossig gebaut worden. 1878 übernahm sie die Gemeinde Sandbauernschaft, die Schule lag aber damals schon auf dem Gelände des Klosters Marienthal und damit in der Stadt Norden. Sandbauernschaft versah 1881 die Lehranstalt mit einem zweiten Geschoss, das zeigt unser Bild von 1950. 1972 wurde die Schule abgebrochen.

Die Gemeinde Sandbauernschaft umgürtete im Westen, Norden und Osten die Stadt Norden, die vor 1900 eine reine Wohn-, Kaufs-(Handels-) und Verwaltungsstadt ohne Landwirtschaft und ohne Feldflur in sehr engen Grenzen war. Die Eingemeindungen begannen 1893 mit einem kleinen Areal im südlichen Burggrabengebiet, um platzmäßig die Gasanstalt und das Schlachthaus erstellen zu können. 1900 kam von Sandbauernschaft der Bereich bis fast zur heutigen Straße „Am Sportplatz" dazu, inklusive des älteren Teils des neuen Friedhofs. 1919 wurde Sandbauernschaft ganz eingemeindet. Heute ist Norden – durch nachfolgende Erweiterungen – mit mehr als 100 qkm eine flächenmäßig sehr große Stadt.

Foto rechts: 1948 lag der Kolk hinter dem neuen Friedhof, der wahrscheinlich beim Bau des Bahndammes entstanden war, noch außerhalb des geschlossen bebauten Stadtgebietes. Der Blick geht über die Bahnlinie hinweg in östliche Richtung.

Foto oben: Als 1950 die Aufnahme vom Jahn-Sportplatz im nördlichen Stadtgebiet entstand, waren die Baracken aus der Kriegs- und Nachkriegszeit bereits abgebaut. Rundherum ist das Gelände noch sehr offen, lediglich im Bereich der Parkstraße sind einige Häuser erkennbar. Im Hintergrund (Bildmitte) sind die Flügel der Silbermühle zu sehen.

Foto rechts: 1953 sind bereits eine Anzahl von Ein- und Mehrfamilienhäusern nördlich des Sportgeländes in der sogenannten Neustadt – ganz rechts die heutige Nordseestraße – entstanden, um die akute Wohnungsnot, die durch den Zuzug vieler Heimatvertriebener verursacht war, zu lindern. Das Foto ist von der Feuerwehrleiter aus aufgenommen worden. Links im Bild ist die Silbermühle zu sehen, im Hintergrund – etwas rechts von der Bildmitte – ist ein Teil des heutigen Norddeichs (Westermarsch II) mit den Masten der Seefunkstation zu erahnen.

Foto links: Die Aufnahme entstand schon vor 1930. Zu der Zeit waren noch Teile der Gracht (auch Graft) um die Bleiche – an der heute danach benannten Bleicherslohne – vorhanden.
Foto oben: Der Name „Philadelphia", den dieses Haus in der Schulstraße bis zu seiner Vernichtung durch Brandstiftung (1991) trug, galt schon für das Grundstück Ende des 18. Jahrhunderts, bevor die Tabakfirma Lubinus & Steinböhmer aus Norden 1802 dort „einen Neubau" (Zitat nach U. CREMER, Norden im Wandel, 1955) errichtete. Philadelphia bedeutet Brüderlichkeit oder Bruderliebe, weshalb dieser Name aber hier auftaucht, ist unklar. Ende des 18. Jahrhunderts ist der Name ebenfalls für die bekannte Stadt an der Ostküste in den USA gewählt worden, und in Appingedam bei Delfzijl, jenseits der Emsmündung, gibt es gleichfalls ein Haus mit dieser Bezeichnung. Möglicherweise ist er mit mennonitischen oder pietistischen Gemeinschaften in Verbindung zu bringen. Bekannt ist jedoch, dass das Haus später der Spirituosenfirma und Kornbrennerei Rykena gehörte. Im selben Stil wurde später das auf dem Foto zu erkennende, querstehende Haus (links) gebaut, das schon 1981 wegen Baufälligkeit abgerissen werden musste.

Foto oben: Die sogenannte Kleine Osterstraße, in der Überlieferung auch „Osterpiepe“ genannt, zeigt sich 1958 noch ohne das Apollokino, das nur wenige Jahre danach den Garten mit der Mauer zwischen der Eisenhütte (im Bild nicht zu sehen) und dem heutigen Restaurant „Käpt'n Remmer“ verschwinden ließ. Als die Eisenhütte mit dem einbezogenen Rest der alten Osterburg 1969 auch abgerissen wurde, sah man erst den reinen, von außen hässlich anmutenden, ganz auf den Zweck ausgerichteten Stil des Kinos. Das Osterhaus der Eisenhütte ist nicht mit dem Osterhaus des Dominikanerklosters, dessen Platz heute der Südteil des Gymnasiums innehat, zu verwechseln.

Foto rechts: 1955 war der Kolkbrücker Weg, der in diesem Abschnitt bis heute Osterstraße heißt, noch unbefestigt und bei Regenwetter pfützenübersät und z.T. abgrundtief. Das Bild zeigt rechts den Einmündungsbereich der Straße „Am Galgenberg“. Wenige Meter davon entfernt, zwischen den beiden Straßen, ist der Galgenhügel – in einen Garten einbezogen – noch erkennbar. Dadurch, dass dieser neue Teil der Osterstraße in den 60er Jahren die Zuwegung zum neuen Krankenhaus und zur Realschule wurde, hat man die Straße ausgebaut, damit verschwanden aber leider auch die (Allee-) Bäume.

Lebensmittel Hans B. Eilers

Foto oben: Die Aufnahme des Neuen Weges von 1950 täuscht – wie beim vorherigen Bild – auch Abgrundtiefe vor. Dabei war er schon Jahrzehnte vorher gepflastert worden. Tatsächlich handelt es sich um die Schneeschmelze beim Blick vom Hotel „Deutsches Haus" in nördliche Richtung. Allerdings fehlte zu der Zeit noch die Kanalisation, so dass es in solchen Situationen stets einige Tage dauerte, bevor wieder normale Verhältnisse einkehrten.

Foto rechts: Der Neue Weg ist die heutige Haupteinkaufsstraße und als solche zur Fußgängerzone umgestaltet. 1950, auf diesem Foto, von der Einmündung in die Osterstraße aus in südliche Richtung geschaut, präsentiert er sich zwar mit vielen Fußgängern, aber fast ohne Autoverkehr. Im Hintergrund krönt die Deichmühle die Sichtachse.

Schneider
Einnahme
LOTTERIE
FUSSBALLTOTO

Foto oben: An vielen Häusern der Stadt befinden sich solche beschaulichen Giebel, sehr häufig auch mit den sehr charakteristischen Oberlichtern („Schienfatt“) über der Eingangstür. 1960 entstand dieses Foto von dem heutigen Kunsthaus in der Großneustraße.

Foto rechts oben: Auf dem Neuen Weg Nr. 78 steht noch die alte Neueweger Schule, die als solche von 1712 bis 1877 diente. Möglicherweise ist der heutige Giebel in dieser Form (Foto 1953) erst bei der Umgestaltung zum Geschäftshaus davor gesetzt worden.

Foto rechts: Der Südteil des Neuen Weges – hier 1955 – präsentiert sich nach Abrissen und Umbauten heutzutage ebenfalls in veränderter Form. Die Deichmühle ist nach wie vor der Abschluß. Verschwunden sind aber z.B. die Gastwirtschaft „Zum schwarzen Bären“ (das 4. Haus an der rechten Seite), das Fahrradhaus Schütte (das Haus mit der Sirene) und der Hof Carls (unmittelbar vor der Mühle).

Vor der Deichmühle führte – noch 1950 – die für viele ostfriesischen Kanäle so typische Klappbrücke über das Moortief kurz vor ihrer Mündung in das Norder Tief. Rechts hinter der Brücke steht der Hof Carls. Ein Tief ist in Ostfriesland eigentlich ein natürlicher Wasserlauf (wie das Norder Tief), das Moortief ist jedoch ein bis ins Berumerfehner Moor gegrabener Kanal, auf dem seit 1794 Torf transportiert worden ist. Inzwischen ist die Entwässerung des Moorgebietes umgeleitet, das Moortief im Endabschnitt weitgehend zugeschüttet und die malerische Brücke abgebaut worden. Auch der Carls-Hof musste einer Tankstelle und dem Straßenausbau weichen.

Die modernere Mühlenbrücke am Ende des Neuen Weges war 1950, als das Bild gemacht wurde, gerade fertiggestellt. Sie überspannt das Norder Tief. Links ist das Haus Fremer zu sehen, von dem ein Teil verändert wurde. Hinter der Brücke steht das Stroman'sche Haus, das 1999 zu einem Haus mit modernen Wohnungen umgestaltet wurde, der Schornstein wurde abgetragen.

Foto rechts: 1930 stand das Norder Siel, das Jahrhunderte lang das letzte Bollwerk vor Hochwasserfluten der Nordsee gewesen war, kurz vor dem Abbruch, weil es nicht mehr gebraucht wurde. 1929 war das neue Siel über sieben Kilometer weiter nach Südwesten an die Leybucht verlegt worden. Links ist ein Teil des Freerick'schen Sägewerkes zu sehen, über den Deich hinweg lugt rechts das Dach der Herlyn'schen Werft.

Foto rechts unten: 1955 wurde die Heringstraße neu gepflastert. Das hohe Haus links ist das Beck'sche Haus, heute ein Restaurant. Im Hintergrund erkennt man die Deichmühle und weiter vorne ein Transformatorenhäuschen. Die Häuser rechts fielen der Altstadtsanierung zum Opfer.

Foto rechte Seite: Nach dem Abbruch des Norder Sieles führte dort bis in die 70er Jahre eine schmale Holzbrücke für Fußgänger und Radfahrer über das Tief. Auf dem Bild, das um 1955 fotografiert wurde, sind die Deichmühle mit Müllerhaus und die Stegbrücke mit der Zuwegung zu sehen. Rechts sind Gebäude der Raiffeisengenossenschaft sichtbar, links sind es ein Schuppen des Freerick'schen Sägewerkes und davor das Poppinga'sche Haus.

Foto links: Der Deich am alten Norder Hafen – hier um 1930 – wurde, wie auch das Siel, kurz nach dieser Zeit abgetragen. Der Hafen und das alte Pack- und Zollhaus (Baujahre 1856-58) büßten nach und nach ihre frühere Bedeutung ein. Im Hintergrund das Haus der Herlyn'schen Werft. Gut erkennbar ist im Vordergrund das damals landesübliche Kopsteinpflaster.

Foto oben: Im Jahre 1800 wurde die – später (ab 1900) Herlyn'sche – Schiffswerft am Hafen gegründet. Man baute und reparierte in erster Linie Holzschiffe, wie z.B. dieses Muttschiff auf dem Helling („Helgen"). Da der Norder Hafen nach der Sielverlegung ins Abseits geriet, zog die Werft 1957 nach Norddeich um.

Foto linke Seite: 1930 begann, wie dieses Bild zeigt, der Abbau des Norder Siels und der den Hafen umschließenden Deiche. Zwar wurden bis nach dem Zweiten Weltkrieg noch gelegentlich Schiffsladungen bis an diese Stelle gebracht, man kann jedoch sagen, daß eine weit über 500 Jahre währende Epoche zu Ende ging. Der Hafen hat zeitweilig sowohl für die Ausfuhr als auch für die Einfuhr sehr große Bedeutung gehabt, die manchmal sogar die von Emden überstieg.

Ganz rechts ist im Vordergrund das Poppinga-Haus zu sehen, dahinter auf der gegenüberliegenden Seite des Tiefs, links neben dem Transformatorenhaus, das „Sieldörenhuus"/Hafenmeisterei (heute Marine-Kameradschaft) und daneben eines der zahlreichen in der Stadt verteilten Spritzenhäuser der Feuerwehr. Ganz links hinter dem Segel des Schiffes erkennt man die Gasometer. Im Hintergrund fallen die Molkerei auf (Bildmitte mit Schornstein) und weiter links die Westgaster Mühle sowie Schornstein und Bierbrauhaus der Firma Doornkaat.

Foto links: Auf dem Westgaster Sandrücken, ganz nahe dem 1938/39 an einer der höchsten Stellen Nordens erbauten Wasserturm, steht das Haus „Seldenrüst", im Volksmund zumeist – wegen der steinernen Löwen neben dem Eingang – „Löwenhuus" genannt. Das Haus mit dem verzierten Giebel, wie es sich auf dem Foto von 1960 zeigt, wurde 1789, anstelle eines älteren Hofes, neu errichtet. „Seldenrüst" (= selten Ruhe) kann zweierlei bedeuten, einmal ist es ein häufiger Name für Bauernhäuser und Mühlen, weil diese mit großem Fleiß geführt werden und ständig Arbeit haben. Für das Norder Haus mit diesem Namen spricht auch die andere Deutung (siehe Giebelspruch), nämlich dass der Hof vor oder in der Bauphase mehrmals gebrannt haben und allgemein von Hochwasser bedroht gewesen sein soll.

Foto linke Seite: Auf das „Löwenhuus" führt die Brauhausstraße zu. An ihr stand das Bierbrauhaus der Firma Doornkaat, das – trotz mehrerer Anerkennungsurkunden – zu Beginn des Zweiten Weltkrieges seine Produktion einstellte. Der Schornstein fiel am 19.04.1943. Heute deutet nur noch der Straßenname auf die Brauerei hin. An seine Stelle sind Wohnblocks getreten.

Foto oben: In den Nachkriegsjahren entwickelte sich Norden-Norddeich, wie es zunächst als Zweckgemeinschaft, seit 1972 als Stadtteil in einer Einheitsgemeinde, heißt, immer mehr zu einem bedeutenden Nordseebad mit Ambitionen zum Heil- und Kurbad. Die Anfänge dazu waren, wie das Bild von 1955 aufzeigt, einfache Bademöglichkeiten am Deich. Mittlerweile aber sind die Erholungs-, Erlebnis- und Heilungsmöglichkeiten fast explosionsartig ausgeweitet worden.

Foto links: Schneereiche Winter sind in Ostfriesland relativ selten. Wenn sie dennoch einsetzen – wie auf dem Bild im Winter 1940/41 eingangs Norddeich zu sehen – ist die Auswirkung manchmal katastrophal. Norddeich war bis zum letzten Krieg nur eine kleine Fischersiedlung, die zu zwei Gemeinden, nämlich Lintelermarsch und Westermarsch II gehörte.

Neben der „Fremdenverkehrsindustrie" spielt die Landwirtschaft auch in den Zeiten der Strukturveränderungen im Sinne der Europäischen Gemeinschaft immer noch eine große Rolle. Die großen ostfriesischen Bauernhöfe, die sogenannten Gulfhöfe, liegen im fruchtbaren, aber sturmflutgefährdeten Marschgebiet seit Alters her auf künstlichen Hügeln, die man in Ostfriesland Warfen oder auch Wurten nennt. Die ausgewählten Bilder von 1950 zeigen den Hof „Höchte" (=Anhöhe) am Marschweg, der schon zum heutigen Stadtteil Ostermarsch gehört, und einen mit Hilfe von Pferden pflügenden Landwirt, ebenfalls in Ostermarsch. Traktoren waren zu der Zeit noch nicht üblich.

Die Ostermarscher Mühle hatte im Zeitalter des Mühlensterbens um 1960 schon ihre Flügel eingebüßt, heute ist nur noch der gemauerte Mühlenstumpf zu sehen. Auf der Straße davor sieht man einen Boßler beim Abwurf.

Boßeln und Klootschießen sind sehr beliebte Sportarten im Winter, bei denen für beide Fälle unterschiedlich große, in spezieller Weise hergestellte Kugeln mit Würfen und dem anschließenden Ausrollen möglichst weit vorwärtsgetrieben werden. Das Boßeln findet häufig auf Straßen, das Klootschießen ausschließlich über Felder, Wiesen und Weiden statt. Es gibt für das Straßenboßeln regelmäßige Mannschafts-Punktspiele an den Wochenenden in verschiedenen Ligen und Klassen mit Hin- und Rückrunde.

Foto links: Das Schloss Lütetsburg liegt zwar nicht weit von Norden weg, aber in einer gleichnamigen, nach den Zusammenlegungen und Eingemeindungen von 1972 selbständig gebliebenen Gemeinde. Dennoch ist es eng mit Norden und seiner Geschichte verbunden. Das Bild wurde um 1935 aufgenommen, es zeigt das Schloss, wie es nach dem Brand 1893 im Jugend- bzw. Neorenaissancestil wieder aufgebaut worden war. Jedoch auch diesem Bauwerk war kein langes Leben beschieden, zunächst hatte es im Zweiten Weltkrieg unter Bomben gelitten und 1956 ist es wieder einmal bis auf die Grundmauern abgebrannt. Bei dem danach folgenden Neubau ummantelte der Architekt die Außen- und teilweise auch die Innenmauern, soweit sie noch stabil genug geblieben waren. Somit wurde das neue Schloss zu einem recht schlicht anmutenden, aber doch harmonisch wirkenden Bau auf den älteren Fundamenten. Das Bemerkenswerteste ist der weithin berühmte Schlosspark im englisch-ostasiatischen Gartenstil mit einem reichen Pflanzenbestand im Allgemeinen und zahlreichen Rhododendrenarten im Besonderen.

Foto oben: Norden ist eine Mühlenstadt. Auf dem Bild von 1935 – aufgenommen von Bargebur aus – geben drei von ihnen im Eingangsbereich der Stadt ein recht romantisches Motiv. Von links gesehen sind es die Deichmühle, die Gnurremühle und die Ölmühle namens „Die Vereinigung". Der Ölschlag (Rapsölgewinnung) wurde in dieser Mühle allerdings schon 1870 weitgehend eingestellt und das Mahlwerk hauptsächlich auf Getreideverarbeitung umgestellt. Seit dem Kriegsende hat sie keine Flügel mehr, auch die Kappe wurde ihr später genommen, so dass sie heute nur noch als Torso vorhanden und zu Wohnzwecken umgewandelt worden ist. An der Ölmühle entlang führte noch bis in die Jahre nach dem Krieg das Moortief bis zur Einmündung in das Norder Tief (=Galgentief) neben der heutigen Mühlenbrücke. Die Deichmühle blieb über die Jahre erhalten, die Gnurremühle ist anfangs der 90er Jahre wieder aufgebaut worden.

Foto rechts: Norden hatte nach dem Krieg mehrere Barackenlager, die z.T. schon während des Krieges als Lazarett oder den Soldaten als Unterkunft dienten. Nach dem Krieg fanden Heimatvertriebene darin zunächst eine Bleibe. Es gab solche Baracken u.a. auf dem und am Sportplatzgelände, in Tidofeld und Bargebur. Nach und nach konnten sie aufgelöst und in fast allen Fällen entfernt werden. Das Bild von 1959 von Bargebur zeigt das Lager während einer der häufiger vorkommenden Überschwemmungen kurz vor der Auflösung.

Foto rechts unten: Die Bargeburer Kirche für die evangelisch-reformierte Glaubensrichtung hatte bereits in der Entstehungszeit ab 1680 infolge der Streitigkeiten zwischen den Brudergemeinschaften lutherischer und reformierter Christen zu leiden. Nachdem die lutherisch ausgerichteten Norder keine reformierte Kirche in ihrer Stadt dulden wollten, sollte sie auf dem Besitz der reformierten Knyphausen-Familie am Stadtrand errichtet werden. Die ersten Mauern aber wurden schon eingerissen, bevor sie fertig waren. Erst 1684 wurde dann, unter dem Schutz brandenburgischer Soldaten, die Kirche neu erbaut. Das Foto von 1953 zeigt das schlichte Bauwerk in einer noch wenig bebauten Umgebung. Bei späteren Renovierungen sind die Dachgauben entfernt, und die große Tür in der Mitte der dem Betrachter zugewandten Längsseite ist wieder eingesetzt worden.

Foto links: Die einklassige Schule auf dem Deich des Osteeler Neulands (Bild von 1950) gehört auch heute politisch nicht zur Stadt Norden. Sie wird sozusagen symbolisch für alle Anhaltspunkte aufgenommen, die bei Wanderungen oder Radtouren rund um Norden stets eine große Bedeutung hatten. Die Schule wurde endgültig um 1980 abgebrochen. Der Ort, an dem sie stand, dient jedoch weiterhin unter ihrem Namen der Orientierung.

Foto unten: Wie so viele Straßen in Norden, hat auch die Bahnhofsstraße ihren Baumschmuck und Teile der Vorgärten dem Ausbau opfern müssen. Die Aufnahme zeigt, stadteinwärts schauend, den Anblick 1952 mit einigen villenähnlichen Bürgerhäusern.

Oben: Leybuchtpolder konnte etwa 1952, nach der Neulandgewinnung durch Eindeichung, besiedelt werden. Einheimische und Heimatvertriebene fanden hier eine neue Existenz. Der Marschboden ist schwer, aber auch sehr fruchtbar. Zu Regenzeiten ist er kaum begehbar. Mit Hilfe von „Togsloots“(= Zuggräben) und Windrädern (im Hintergrund zu erkennen) wurde das überschüssige Wasser abgepumpt.

Unten: Rund zwanzig Jahre vor Leybuchtpolder (1934, nach der Verlegung des Norder Siels und entsprechenden Eindeichungen) entstand eine andere landwirtschaftlich orientierte Gemeinde, Neuwesteel. Beide gehören heute als Stadtteile zu Norden. Das namensgebende Westeel war bei mehreren Leybuchteinbrüchen im 14. Jahrhundert in diesem Bereich untergegangen. Das Foto wurde kurze Zeit nach der Einweihung vom Abschlussdeich aus in östliche Richtung aufgenommen. Die ins Bild hineinführende Straße heißt heute Königsweg.

1934 wurde Neuwesteel feierlich eingeweiht. Weißgekleidete Jungfrauen tanzten und sangen zur Einweihung. Die damals im Aufwind segelnden politischen Machthaber der Nationalsozialisten, man sieht es links im Bild, machten sich die Angelegenheit zunutze und zeigten Präsenz, obwohl sie vorher gar nicht die treibende Kraft gewesen waren.

Foto oben: 1950 war der Störtebekerdeich geschlossen worden, der nunmehr vor Hochwasser sichere Leybuchtpolder konnte 1954 eigenständige Gemeinde werden. Die alten Seedeiche waren damit zu Schlafdeichen geworden, sie blieben zur Sicherheit noch etwa 30 Jahre lang fast vollständig erhalten. Die „Diekgaten“ (=Deichdurchlässe) konnten aber nun geöffnet bleiben. Der Motorradfahrer hat auf dem Bild 1954 gerade die Öffnung zwischen Neuwesteel (im Hintergrund, schon mit reichlichem Baumbestand) und Leybuchtpolder passiert.

Foto rechts: Die Besiedlung von Leybuchtpolder ist als Ganzes systematisch geplant worden. Es entstand ein weilerartiges Dorf mit Dorfteich und angerartiger Mitte an der 1960 eingeweihten Lutherkirche. Auf der Abbildung (sie muss etwa um 1960 entstanden sein) ist die Landschaft um Kirche, Marktplatz und Häuser herum – im Gegensatz zu heute – noch recht kahl.

Foto links: Das Bild um 1931 zeigt das Ausbaggern des Mahlbusens am Leybuchtsiel. Man erkennt das „offene Siel" mit der Klappbrücke dahinter. Eine tunnelartig durch den Deich gezogene „Sielröhre", sozusagen mit „Dach", wie sie auf Seite 44 zu sehen ist, nennt man ein „gedecktes Siel". Der Mahlbusen ist ein Speicherbecken, in dem sich das Wasser des Binnenlandes zunächst sammeln kann, z.B. wenn bei tagelangem Hochwasser „draußen" die Sieltore nicht geöffnet werden können und das Binnenwasser nicht ablaufen kann. Heutzutage sind fast überall für die Entwässerung Pumpen, die sogenannten Schöpfwerke, an solchen Stellen gebaut worden. Dies ist am Leybuchtsiel 1962 geschehen.
Foto oben: 1950 zeigt das Bild die Durchfahrt eines kleinen Lastschiffchens durch die geöffnete Brücke am Leybuchtsiel.

Foto oben links: Eine Problemzone am Deich ist die Linie, an der das Seewasser auftrifft und die Wellen oder gar Brecher mehr oder minder heftig auslaufen. Dort entstehen in den Grasflächen immer wieder Löcher, die zur Gefahr werden können. Zur Befestigung hat man das „Diekstickенn“ erfunden, bei dem man mit einem kurzen Stab mit gegabelter Spitze Strohbündel flechtförmig in den kleiartigen Untergrund drückt. Zum Nachdrücken hat der „Diekstickеr“ einen Gürtel mit einer verbreiterten Platte um den Leib geschnallt, so dass er mit den angespannten Bauchmuskeln das Strohbündel tiefer in den Boden treiben kann. Das Foto entstand 1935. Die Arbeit gilt sprichwörtlich als überaus anstrengend.

Foto oben rechts: Ein Wattfischer gleitet bei Ebbe mit seinem „Kreier“ (= Schlickschlitten) über den Schlick um zu seinen „Argen“ (= Stellnetzen, Reusen) zu gelangen (1955). Die Fischer setzen die Netze in die Priele (= flussartige Rinnen im Watt), so dass bei ab- oder auflaufendem Wasser sich dort Fische verfangen. Bei Niedrigwasser wird kontrolliert. Bei der Schlittenfahrt kniet der Fischer mit einem Bein auf einer bankartigen Fläche, um mit dem anderen das Gefährt vorwärts zu treiben.

Zur Beruhigung der Wasserbewegung werden Lahnungen in das Watt gesetzt. Damit erhöht man einerseits den Absatz von Schwebeteilchen zur schnelleren Vorlandgewinnung, und man bringt andererseits Wellen früher zum Kippen, um ihnen die Wucht zu nehmen. Solche Dämme können, wie auf dem Bild von etwa 1935, als Faschinen aus eingerammten Pfählen mit dazwischen geflochtenen Buschreisern und Drahtbefestigung gestaltet sein, oder es sind Steindämme.

Foto links: Während der Kontinentalsperre, mit der Napoleon, als damaliger Herrscher von Ostfriesland, versuchte, den Briten wirtschaftlichen Schaden zuzufügen, entstanden zur Überwachung sogenannte Wachthäuser entlang der Deiche. Spätere Machthaber übernahmen diese und errichteten zudem mehrere Zollhäuser, um die einheimische Produktion vor billigerer ausländischer Konkurrenz besser schützen zu können. Solche Häuser sind noch zahlreich zu finden, wie z.B. dieses Wachthaus 1950 in der Westermarsch, wenn sie heute auch nicht mehr ihre frühere Funktion haben.

Foto unten: Norddeich Radio war eine große Seefunkstation, die von 1907 an fast jedes Schiff irgendwo auf den Weltmeeren des Erdballs erreichen und die umgekehrt Signale auch empfangen konnte. Zunächst war sie in Norddeich angesiedelt (s. Seite 71). Die stetig sich weiterentwickelnde Technik ließ dann aber später eine Trennung von Sende- und Empfangstation geraten erscheinen. So entstanden, etwa 12 km voneinander entfernt, die Sendestation in Osterloog (1970) und ab 1931 die Empfangstation südwestlich davon in Utlandshörn/Westermarsch. Letztere zeigt das Bild von 1975.

Die Straße zwischen Norden und Utlandshörn war ein Naturdenkmal besonderer Art. Die an dieser Straße stehenden Ulmen waren durch die bei uns sehr häufigen Winde aus westlichen Richtungen mit ihrem Stamm und besonders mit dem Astwerk so einseitig ausgerichtet, dass sie als Kompass dienen konnten und im Sommer einen grünen Dom bildeten. Unser Bild am Langhauser Tief mit dem Großlanghaus im Hintergrund ist nach der angegebenen Datierung im Herbst 1942 entstanden und zeigt solche „Windloper". Die Ulmen starben leider nach und nach durch Pilzübertragungen ab und mussten gefällt werden.

Die weiträumige Einzelhofstreusiedlung rund um Norden machte es schwer, eine brauchbare Infrastruktur aufzubauen. An mehreren Stellen entstanden z.B. Zwergschulen, für die beispielhaft die Westerhörner Schule, wie sie sich um 1960 präsentierte, abgebildet ist. Inzwischen sind sie, nach den Schulreformen der 70er Jahre, längst zu Wohnhäusern umgestaltet worden.